LA EPOPEYA DE SAN MARTÍN

CONTADA PARA NIÑOS

NORMA SANTOS & LAURA RIMONDINO
ILUSTRACIONES: MATÍAS LAPEGÜE

LA EPOPEYA DE SAN MARTÍN
es editado por
EDICIONES LEA S.A.
Av. Dorrego 330 C1414CJQ
Ciudad de Buenos Aires, Argentina.
E–mail: info@edicioneslea.com
Web: www.edicioneslea.com

ISBN 978-987-718-600-0

Primera edición. Impreso en Argentina.
Febrero de 2019. Pausa Impresores.

Santos, Norma
    La epopeya de San Martín contada para niños / Norma Santos. - 1a ed . - Ciudad
    Autónoma de Buenos Aires : Ediciones Lea, 2019.
    64 p. ; 24 x 17 cm. - (La brújula y la veleta)

    ISBN 978-987-718-600-0

    1. Historia Argentina. I. Título.
    CDD 982

CAPÍTULO 1

Otra visión de San Martín, ¿por qué?

Hay un montón de cosas que, estamos seguras, sabés sobre José de San Martín: que nació en Yapeyú, en la provincia de Corrientes, el 25 de febrero de 1778; que sus padres se llamaban Gregoria Matorras y Juan de San Martín y Gómez; que cuando tenía seis años viajó con toda su familia a España, donde ingresó como cadete para estudiar la carrera militar; que fue voluntario en la guerra entre España y Francia cuando apenas tenía trece años; que se destacó en la batalla de Bailén (en la que los españoles derrotaron al ejército francés, dirigido por el mismísimo Napoleón Bonaparte).

Además tuvo tiempo para acercarse a librerías y bibliotecas, donde leyó a los escritores de la Ilustración, a los hombres de la Revolución Francesa y eso lo hizo conocer las logias masónicas, desde donde otros hombres nacidos en América pensaban en la liberación y emancipación de este nuevo continente. Que volvió al Río de la Plata para dirigir la campaña libertadora, que organizó el Regimiento de Granaderos, que luchó en el combate de San Lorenzo, que cruzó los Andes y... algunas cosas más.

Pero... debe haber un montón de preguntas que te hiciste sobre este hombre, al que se considera el LIBERTADOR DE AMÉRICA (con mayúsculas y todo), el GRAN CAPITÁN, el PADRE DE LA PATRIA.

En la mayoría de los libros de Historia se lo pinta de esa manera, como si no hubiera sido un hombre común y corriente, al que le tocó hacer algo importante, como si siempre estuviera montado en ese caballo blanco del cuadro que ves en los manuales del colegio y no pudiera bajarse de él (ahí va una noticia nueva: el caballo de San Martín no era blanco y cuando cruzó los Andes lo hizo en una mula y en camilla, porque estaba enfermo).

¿Te lo podés imaginar de chico, jugando con sus hermanos y su niñera o tomando mate?

Seguro que no, parece imposible... ¿Por qué?

¿Por qué no nos contaron todo? ¿Por qué solo nos contaron algunas cosas?

Lo primero que tenés que saber es que los historiadores cuentan el pasado a partir de sus ideas, nadie puede separar lo que piensa de lo que tiene que analizar o estudiar para contarlo. Los primeros historiadores argentinos creyeron que era necesario crear "héroes", hombres siempre perfectos que no debían equivocarse, porque consideraban que era imposible que los hombres comunes y corrientes hicieran cosas importantes. Obvio que esto tiene que ver con su pensamiento y su posición social, porque estos historiadores, por ejemplo, Bartolomé Mitre y Vicente López, además de ser los primeros, pertenecían a la clase privilegiada, tenían gran poder económico y eran blancos, entonces eligieron lo que más les gustaba o mejor les convenía para dar su visión de lo que había pasado.

Por eso decidieron "recortar" la historia.

También es importante saber qué significaba lograr nuestra emancipación y declarar la independencia.

¿Qué significa que un país sea independiente?

Quiere decir que se rompen los lazos coloniales con la nación conquistadora, o sea, que se deja de depender de las medidas tomadas por otros, en este caso el rey de España y sus colaboradores, para poder tomar nuestras propias decisiones económicas y políticas, relacionarnos libremente y en igualdad de condiciones con el resto de los países, elegir la forma de nuestro gobierno y organizar nuestras propias instituciones.

Ya sabemos que nada de esto era (ni tampoco es hoy) fácil, pero primero había que luchar para lograr la emancipación y concretar la independencia, y esto fue lo que San Martín tenía en claro.

Por eso, nos proponemos contarte algo más de lo que sabés, de una manera distinta, la nuestra.

Y vamos a empezar ahora.

Capítulo 2

Primeros años, en la provincia de Corrientes

Sus padres españoles habían llegado en 1774, junto con sus hermanos mayores, María Elena, Manuel Tadeo y Juan Fermín Rafael al pueblo de Yapeyú (la palabra viene del idioma guaraní y quiere decir "fruto maduro"), un lugar muy chiquito a orillas del río Uruguay en la actual provincia de Corrientes. Su papá era militar y le habían dado el cargo de teniente gobernador (por eso se la pasaba yendo de un lugar a otro, tenía que ir a donde le ordenaran sus superiores, sin protestar).

En este pueblito nació su hermano Justo Rufino y también José, pero (y acá vamos a encontrar el primero de los *peros* en la biografía de don José), parece ser que no fue hijo biológico de este matrimonio.

En Yapeyú corría y sigue corriendo un rumor que dice que, en realidad, su verdadera mamá fue la persona a la que siempre se conoció como su niñera indígena, la pequeña Rosa Guarú, que lo cuidó hasta que, a los tres años, lo enviaron a Buenos Aires.

Existen varias canciones populares que cuentan cómo la "india Rosa Guarú" cuidó con mucho amor al pequeño, enseñándole a montar a caballo y a andar por la selva misionera entre los animales.

Te transcribimos una de las más conocidas:

Dulce voz de cuna
se oye en Yapeyú
dicen que es la sombra
de Rosa Guarú.

Cunumí querido
lindo cunumí
duerme que a tu lado
vela Tupasí

Tu color es indio
como el urunday
no has nacido en vano
junto al Uruguay.

Y, como algunas palabras son guaraníes, te decimos lo que significan:

"Cunumí" es niño, "Tupasí" es la madre de Dios y "Urunday" es el quebracho, ese árbol de madera muy dura que crece en algunas provincias del norte de Argentina.

También existen relatos que permanecieron en la memoria de los habitantes por muchos años, que sostienen que la

indiecita tuvo un niño con un español llamado Diego de Alvear y Ponce de León (en esa época se ponían todos los apellidos), un marino, que quedó fascinado con la pequeña Rosa, de apenas diecisiete años.

Cuando nació el niño, a Diego le pareció correcto pedirle al matrimonio de San Martín y Matorras que lo adoptaran, comprometiéndose a hacerse cargo económicamente de su educación.

Y, ¿por qué no lo hizo él?

Bueno, porque en esa época era muy difícil que un hombre blanco se casara con una indiecita y/o reconociera a un hijo "ilegítimo" (¡qué feo que suena eso de hijo ilegítimo!, ¿no te parece?), sin manchar su reputación (su prestigio dentro de la clase social de la que formaba parte).

Pero, al mismo tiempo, le preocupaba que el bebé tuviera una buena educación una que le permitiera mejorar sus condiciones de nacimiento, y los mestizos sin padres no podían estudiar, como sí lo hacían los niños blancos.

Y ¿por qué Rosa permitió esto?, muy simple: porque ella también quería lo mejor para su hijo y no podía contradecir las órdenes de sus patrones, que además le prometieron que siempre iba a estar al lado del pequeño José.

Pero, ¿sabés qué pasó? Cuando se tuvieron que ir a Buenos Aires, no la llevaron con ellos y, aunque le prometieron que la iban a ir a buscar, eso nunca pasó, y dicen los habitantes del lugar que ella se quedó esperando siempre... Pero nunca cumplieron la promesa hecha.

Además, por el testimonio de los que lo conocieron, sabemos que José era morocho, de pelo y ojos oscuros, más parecido a un guaraní que a un español.

También sabemos que de grande lo apodaban el "cholo de Misiones", otros lo llamaron el "mulato San Martín", el "indio misionero". Incluso el general español Francisco Marcó del Pont declaró: "San Martín firma con mano negra"... y que él mismo dijo alguna vez: "yo también soy indio".

Ahora vos imaginate, pensá cómo les caería a los primeros historiadores que el Libertador de América fuera mestizo, cuando ser un mestizo era garantía de estar excluido de la sociedad.

¿Te vas dando cuenta de por qué no nos lo contaron desde el principio? Las sociedades coloniales eran muy discriminadoras... y nuestros primeros historiadores también.

CAPÍTULO 3

UNA BRILLANTE CARRERA MILITAR

Bueno, sigamos viendo qué pasó: después de salir de Corrientes, entre los tres y los seis años vivió en Buenos Aires, en ese momento su padre tuvo que volver a España y se llevó a toda la familia (acordate de que debía obedecer las órdenes de traslado que le daban sus superiores).

Allá empezó a estudiar, por un lado, se dedicó a leer todo lo que pasaba por sus manos, al principio cuentos infantiles, después las novelas que estaban de moda en ese momento hasta, ya un poco más grande, a los pensadores que cuestionaban a las monarquías europeas. Por otro lado, como era común, entró como cadete al regimiento de Murcia, para ser militar como su padre, cuando tenía ¡solo doce años!

Al principio, su carrera se desarrolló en las zonas de combate que España tenía en África, donde empezó a destacarse por su valentía siendo apenas un niño, al ofrecerse reiteradas veces como voluntario en acciones de mucho riesgo.

Ya demostraba el valor que tenía.

La Revolución Francesa les dio un giro a todas las cosas y también a los lugares de combate de los españoles, ya que estalló una guerra entre España y Francia entre 1793 y 1795, donde también participó y en la que obtuvo ascensos importantes teniendo a cargo soldados mucho más grandes que él (pensá que apenas tenía quince años).

En todas las guerras hay idas y vueltas y, de la misma manera en que se desatan los conflictos armados, se firma la paz. Esto sucedió entre estos países, que se volvieron aliados, aunque no por mucho tiempo, luchando juntos contra Inglaterra.

Así fue que Napoleón invadió España en 1808, con el pretexto de estar pasando por territorio aliado, para derrotar a los reyes de Portugal, que no querían obedecer sus órdenes (en realidad Portugal era muy amigo de Inglaterra). Y de paso... sí, se quería quedar con el reino de España. Los españoles se resistieron a esto y acá nuevamente José se destacó, como Teniente Coronel en la batalla de Bailén el 19 de julio de 1808, la primera victoria hispánica frente a los invasores franceses. Aunque la lucha continuó, él tuvo tiempo para tomar contacto con grupos de hombres que buscaban la emancipación americana.

Y ¿qué querían estos grupos?

CAPÍTULO 4

LAS IDEAS DE SAN MARTÍN

En todo este tiempo no solo se convirtió en un excelente militar, sino que además de aprender francés, leyó las ideas que llevaron al estallido de la Revolución Francesa y al inicio de lo que sería un gran cambio para el mundo, y empezó a asistir a todas las tertulias y reuniones políticas que el tiempo de paz le permitió.

Fue en esos lugares donde conoció a otros americanos que buscaban liberar a nuestro territorio del dominio español y, como no podían hacer estas reuniones a vistas de todo el mundo (no era cosa de que los reyes se enteraran), formaban asociaciones secretas, que se llamaban logias masónicas.

En ellas se planteaba la idea de que los pueblos de América debían elegir a sus gobernantes en forma libre y no debían aceptar los que les imponían desde Europa. Entre estas logias debemos destacar a la conocida como la Gran Hermandad Americana, que fue fundada por el venezolano Francisco de Miranda, y con la que

San Martín entró en contacto y gracias a la que pudo conocer a Andrés Bello. Seguro, alguna vez escuchaste estos nombres, como también el de Simón Bolívar, lo más probable es que éste último te resulte más familiar. Esos hombres y muchos otros más, eran los que buscaban la emancipación de todo el territorio que dominaba España, y no pensaban en países separados, sino en algo mucho más grande, a lo que llamaron la Patria Grande.

Pero, ¿cuáles eran los principios más importantes de esas ideas que tanto gustaron a San Martín y a muchos otros jóvenes idealistas?

Lo primero que hicieron, como los grandes pensadores de la Ilustración, fue poner en duda la autoridad de los reyes, pero de todos los reyes, no solo los de España, porque los monarcas gobernaban sin que nadie los eligiera, simplemente porque habían heredado el título de rey, y se suponía que recibían ese honor de Dios (se decía que era "por Gracia Divina").

Lo segundo que hicieron fue preguntarse por qué los hombres formaban parte de sociedades estructuradas donde unos tenían muchos privilegios (tantos, que no trabajaron nunca y tenían muchas más cosas de las que necesitaban) y otros no tenían absolutamente nada, a pesar de que trabajaban de sol a sol, ¡y ni hablemos del lugar que ocupaban las mujeres y los niños!

Bueno, en realidad, si las mujeres pertenecían a las clases altas no tenían muchos problemas, pero si eran del sector más humilde la pasaban mucho peor que los hombres adultos. Y los niños empezaban a trabajar desde muy chiquitos.

¿Y cómo era en la sociedad americana?

Para los habitantes originales de América, bueno, no te vamos a mentir, para ellos todo era mucho peor.

En la América española las cosas que se criticaban eran parecidas, pero algo distintas. Veamos un poco.

Seguro que sabés que durante la conquista de nuestro continente los españoles asesinaron a muchos de los aborígenes.

En algunos lugares, la matanza fue tan grande que cuando necesitaron trabajadores tuvieron que traer hombres africanos negros, que fueron convertidos en esclavos. Esto sucedió por ejemplo, en las islas del Caribe.

En otros lugares, como en el sur del continente, los pueblos originarios fueron sometidos tanto que vivían hundidos en la servidumbre y la pobreza.

Y como los españoles llegaron en su mayoría solos, o sea sin compañía femenina, además sometieron a las mujeres indígenas con las que tuvieron hijos, que fueron los mestizos, los que quedaron en uno de los últimos eslabones de la escala social, casi al lado de los esclavos negros y de los mulatos (los hijos de negras y blancos). Si hubo algo que los españoles tuvieron en claro fue el de ponerles nombres a todas las mezclas posibles entre las distintas etnias que habitaban todos los lugares que conquistaron.

Por eso te decimos que nuestras sociedades estaban rígidamente estructuradas, ¿ahora te explicás un poco más eso de que no era bien visto que San Martín pudiera ser un mestizo?

Pero, ¿de qué manera estaba organizado y gobernado nuestro continente?

Los españoles dividieron las tierras que conquistaron y colonizaron en "virreinatos". Al principio solo fueron tres, pero, a medida que la población fue creciendo y los contactos comerciales se hicieron más complicados, se crearon otros, entre ellos el del Río de la Plata, en 1776.

El rey, que vivía en España, designaba a un virrey, que venía a estas tierras y era la autoridad máxima a la que se tenía que obedecer (te contamos que algunos de estos virreyes no tenían muchas ganas de venir, pero como el rey se los ordenaba, no les quedaba otro remedio más que ocupar el puesto).

Debajo de esta autoridad, había un montón de cargos más (por ejemplo gobernadores, corregidores y capitanes generales) y muchísimos funcionarios que eran, todos y cada uno de ellos, españoles, y los americanos no podían acceder a ninguno de esos cayos.

Y cuando decimos americanos estamos hablando de hombres blancos, hijos de españoles. En realidad, ellos eran los españoles nacidos en América.

O sea, que si había que cambiar cosas en Europa, muchas más cosas había que cambiar en nuestro territorio.

San Martín aprendió mucho de los escritores franceses cuando estuvo en contacto con los soldados de esa nacionalidad, pero también aprendió mucho de los ingleses. Porque, entre otras cosas, cuando los españoles se enemistaron con Napoleón al ser invadidos por sus tropas, se aliaron con el viejo enemigo de Francia, Inglaterra (acordate que, en las guerras, si a los países, por razones económicas, políticas o religiosas les resultaba conveniente, no tenían problemas en hacer y deshacer alianzas).

Para 1811, aunque San Martín era un soldado español-americano, había leído lo suficiente para darse cuenta de que la emancipación de América era muy importante y que quería participar en ella. Pero, claro, no lo podía decir en voz alta, entonces pidió su retiro del ejército y su traslado a la ciudad de Lima, en el Virreinato de Perú. Primero pasó por Londres, donde se estaba desarrollando a pleno la Revolución Industrial (esa que cambió rotundamente la forma de producir, la de las máquinas de vapor) y donde entró en contacto con las Logias Masónicas sobre las que te contamos antes. Y ahí se encontró con los otros americanos que querían lo mismo que él: volver al lugar donde habían nacido y ayudar a sus habitantes a lograr su independencia.

También estudió las formas de gobierno: en esos años los países europeos estaban gobernados por monarquías, en el caso de Inglaterra una del tipo parlamentario, o sea, un sistema en el que, bajo una constitución, se elegían a algunos representantes que formaban parte de un congreso donde se discutían las medidas a tomar, mientras que el monarca "reinaba", con poco

poder de decisión. Y a San Martín le pareció que ese tipo de gobierno podría instalarse en América. Por otro lado, solo en Estados Unidos, y hacía unos pocos años, ya funcionaba la democracia.

Entonces, en enero de 1812, ese grupo se embarcó en la fragata inglesa *George Canning* rumbo al Río de la Plata. San Martín estaba por cumplir los treinta y cuatro años y junto a él viajaba un joven llamado Carlos de Alvear, hijo de Diego de Alvear, y que, si es cierta la versión que te contamos al principio, era medio hermano de San Martín, y fue su compañero y amigo durante los primeros tiempos en lo que hoy es Argentina.

CAPÍTULO 5

En el Río de la Plata

Después de cincuenta días de navegación (uff... ¿te imaginás lo aburrido que sería viajar tanto tiempo?), llegaron a Buenos Aires el 9 de marzo de 1812.

¿Cómo sabemos la fecha exacta?

Es una buena pregunta. La sabemos porque en el periódico *La Gaceta* se publicó la noticia de la llegada y además se decía: "Estos individuos han venido a ofrecer sus servicios al gobierno, y han sido recibidos con la consideración que merecen por los sentimientos que protestan en obsequio de los intereses de la patria".

Pero, ¿eso era cierto?

En esos momentos, era el Primer Triunvirato el que estaba encargado de gobernar las Provincias Unidas del Río de la Plata, que así se llamaba en esa época nuestro país.

Haremos un repaso de lo que había pasado por estos pagos. Un poco de historia, pero muy entretenida.

El 25 de mayo de 1810, en un Cabildo Abierto, los vecinos de la ciudad de Buenos Aires decidieron desplazar definitivamente al Virrey Cisneros y reemplazarlo por una Junta de Gobierno, a la que se llamó Primera Junta (como estaban muy apurados, no tuvieron tiempo de formarla con hombres del interior), que en diciembre fue reemplazada por la Junta Grande, cuando se incorporaron los representantes de algunas de las provincias que formaban nuestro territorio, y que después de unos meses fue remplazada por el Primer Triunvirato (formado por tres personas, de ahí el nombre).

El Secretario de este Triunvirato era Bernardino Rivadavia, un porteño que formaba parte de la clase privilegiada de la ciudad (y, cosa rara y aunque él lo negara, con antepasados mulatos; solo tenés que ver algún retrato y te vas a dar cuenta de lo que te decimos), que miró con cierta desconfianza a San Martín cuando ofreció sus servicios a la patria.

Entre otras cosas, en ese momento Rivadavia era partidario de establecer en nuestro territorio una república aristocrática para que nos gobernara, o sea, un gobierno del que solo participaran los sectores económicos poderosos (los grandes comerciantes y los grandes propietarios de tierras), sin darles lugar a los sectores más humildes de la población. Y ya te contamos que esta no era la idea de gobierno que tenía San Martín.

Además, años después el mismo Rivadavia viajaría a Europa para gestionar el establecimiento de una monarquía en el Río de la Plata. ¿Se puede entender este cambio?

Sí, Rivadavia decidía según lo que más les convenía, tanto a la ciudad de Buenos Aires como a sus intereses económicos.

Perdón, nos estamos yendo un poco de tema, es que tenemos mucho para contarte.

Volvamos a la llegada de San Martín a Buenos Aires y al recibimiento que tuvo: lo conocían poco, no tenía relaciones familiares, ni sociales, no le gustaba hablar mucho sobre lo que iba a hacer, pensaban que podía ser un espía de los ingleses, y no tenían en claro si les iba a servir para sus intereses, que, como vas a ver más adelante, no siempre fueron los de una real independencia. Sin embargo, le encargaron organizar un regimiento.

Mientras tanto, el futuro libertador de América tenía que lograr que la sociedad porteña lo quisiera un poco para dejarlo formar parte de ella.

Muchas jóvenes lo consideraban "un buen partido" (esto quiere decir, una buena opción para casarse), aunque sus padres no pensaran lo mismo. Entre ellas estaba Remedios de Escalada una niña de apenas catorce años (en esa época a esa edad no eran consideradas tan niñas y ya a los catorce se las consideraba aptas para contraer matrimonio), que pertenecía a una de las familias más adineradas de la ciudad. Gracias al apoyo de Carlos de Alvear, ella y San Martín lograron convencer a sus padres, que al principio se resistían, de permitir ese matrimonio, que se realizó el 12 de septiembre de 1812 (no estuvieron mucho tiempo de novios).

Mientras tanto, San Martín organizaba el regimiento, ¿sabés de cuál hablamos? Sí, del Regimiento de Granaderos, además de prepararse para formar una logia secreta que lograra los objetivos por los que había vuelto a América. Primero fue llamada la "Logia de Caballeros Racionales", pero luego fue conocida como "Logia Lautaro".

¿Por qué? ¿Quién era Lautaro?

Nada más ni nada menos que un indio, sí, un indio araucano (habitante del sur del continente) que se levantó en armas contra los conquistadores españoles que ocuparon el actual territorio chileno, y que, después de muchas luchas, terminó asesinado en 1557.

Ahora podés entender un poco más cuál era el pensamiento de San Martín y sus compañeros de la logia sobre los pueblos originarios. Ellos no los consideraban distintos al resto de los pobladores, hablaban de la "solidaridad racial indoamericana", como lo había hecho Mariano Moreno, el secretario de la Primera Junta, que había estudiado en la ciudad de Charcas y vio en forma mucho más directa el trabajo casi esclavo al que estaban sometidos los indígenas de esa zona.

¿Quiénes formaban esa Logia Lautaro, además de San Martín y Carlos de Alvear?

Podemos nombrar a José Zapiola, Tomás Guido, Bernardo de Monteagudo (este es un personaje del que se sabe muy poco, pero que fue importante para nuestra emancipación e independencia; y, mirá qué casualidad, también era correntino y mestizo), muchos eran morenistas, había militares, abogados y eclesiásticos (curas). Y a ninguno de ellos le gustaba la forma en que Rivadavia llevaba adelante el gobierno.

Ya te dijimos que Rivadavia era un porteño, o sea, que había nacido en la ciudad de Buenos Aires, y eso no tiene nada de bueno o de malo, pero lo que sí no era bueno era la mirada que tenía (tanto él como el sector político al que pertenecía) sobre el resto del territorio de nuestro país.

Se preocupaban más que nada por los intereses del puerto, o sea, de lo que se podía comerciar desde Buenos Aires, que era (y es todavía hoy) un puerto que se comunicaba en forma directa con Europa por medio del Océano Atlántico y por los beneficios que les daba el manejo de la aduana, perjudicando a las producciones regionales de las provincias, que no podían competir en precios con las mercaderías que llegaban desde afuera.

Esta mirada era demasiado centralista y temerosa, ¿a qué le tenían miedo Rivadavia y sus seguidores?

Temían que Inglaterra, que era la principal potencia en ese momento, dejara de comprar los productos de Buenos Aires y dejara de vendernos las manufacturas que necesitábamos, ya que no todo se podía producir acá.

Y, por supuesto, tenían miedo de perder sus privilegios económicos

Pero, mientras tanto, con muy poco dinero, San Martín organizó el Regimiento de Granaderos. Poco dinero, no porque no se necesitara, sino porque el gobierno central no lo enviaba.

Seguro sabés que la primera acción de estos soldados fue el combate de San Lorenzo, el de la Marcha del mismo nombre (la cantaste seguramente, en el colegio, muchísimas veces), en la provincia de Santa Fe.

Y ahí va otra novedad: en realidad fue una emboscada que San Martín le preparó a un grupo de soldados españoles que incursionaban en las costas del Litoral buscando alimentos para llevar a la flota que estaba en nuestras aguas. Fue el 3 de febrero de 1813 y apenas duró poco más de quince minutos.

Este fue el único encuentro que tuvo en tierras argentinas y casi, casi cae en combate el recién nombrado general. Su caballo fue herido y se le cayó encima, entonces dos de sus granaderos acudieron en su ayuda, uno de ellos es el famoso Juan Bautista Cabral (del que nos habla la Marcha) y lograron salvarlo, pero a Cabral lo mataron los enemigos. Este soldado era hijo de esclavos.

Después de esta victoria, todos estaban contentos, y mandaron a San Martín a Salta, a reemplazar a Manuel Belgrano, que se desempeñaba como jefe del ejército del Norte.

Pero, no nos adelantemos, ¿tenés en claro qué hacían los españoles en esta zona?

Lo veremos en el próximo capítulo.

CAPÍTULO 6

GUERRAS DE LA INDEPENDENCIA

Ya te contamos que el 25 de mayo de 1810 se formó un gobierno que desplazó al Virrey y un gobierno con el cual los americanos por primera vez iban a gobernar nuestro territorio. También dijimos que, como estaban apurados, se formó en Buenos Aires y no se pudo preguntar al resto de las provincias. No estaban muy seguros de que ellas aceptaran esta revolución. En esos tiempos, las comunicaciones eran lentas, las novedades se trasmitían en carreta o en chasqui (un jinete a caballo, que recorría lo más rápido posible el camino de un lugar a otro).

Al igual que pasaba en la ciudad de Buenos Aires, en el resto de las provincias había grupos de personas que estaban de acuerdo con emanciparse y otros que pensaban que era mejor continuar bajo el dominio español. Además, los provincianos no estaban muy seguros de lo que querían hacer los porteños, tenían dudas y se preguntaban si después de emanciparse de España no caerían bajo el dominio de la ciudad-puerto, ya que desde ella se realizaba la mayor parte del comercio (igual que lo que pasaba en la Banda Oriental, el actual Uruguay, que pertenecía al Virreinato del Río de la Plata, con Montevideo).

Teniendo en cuenta esto, el nuevo gobierno mandó a las principales ciudades del Virreinato, junto con la noticia de la revolución, expediciones militares, por las dudas de que algunos habitantes se rebelaran y resulta que ¡tuvieron razón! En Montevideo, Asunción y Córdoba los gobernantes, que eran españoles, no reconocieron al nuevo gobierno y hubo conflictos.

Entonces, a partir del 25 de Mayo, la Junta tuvo que pensar en llevar adelante una guerra, una verdadera campaña libertadora, para convencer a los habitantes del territorio de que la emancipación era no solo importante sino necesaria para poder vivir dignamente y para detener a los españoles, que no iban a perder estas tierras sin dar pelea.

Así se inició la Guerra de Independencia, que se desarrolló en todo el territorio de América del Sur. Para eso se necesitaba crear un ejército patriota con muchos hombres, caballos, armas y, por supuesto, dinero.

En Córdoba se solucionó rápido porque se decidió fusilar a los hombres que rechazaban el nuevo gobierno, en un lugar conocido como Cabeza de Tigre. ¿Por qué estas muertes? Bueno, los revolucionarios (entre ellos Mariano Moreno y Juan José Castelli) creyeron que era mejor terminar con el conflicto lo más rápido posible y que el movimiento opositor no creciera para que no pudiera fortalecerse para contraatacar.

Manuel Belgrano, que era miembro de la Primera Junta, fue nombrado Jefe del Ejército, con el que se pensó que se podía derrotar a los opositores de Asunción. Era un hombre muy estudioso, abogado y economista, pero no militar y, sin embargo, aceptó dirigir esa expedición sabiendo que la lucha era necesaria. Con un ejército pequeño entró en el Paraguay y luchó contra los españoles que lo derrotaron en marzo de 1811 en dos batallas; Tacuarí y Paraguarí.

¿Sabés qué hicieron, después de esto los criollos paraguayos? Desplazaron a los españoles del gobierno y formaron su propia Junta, con lo cual se liberaron tanto de España como de Buenos Aires.

En Montevideo la situación fue más grave, porque la flota española estaba instalada en esa parte del río y, cuando la Banda Oriental (ya dijimos que así se llamaba entonces Uruguay) no aceptó al nuevo gobierno los barcos españoles empezaron a atacar el Litoral de Entre Ríos y Santa Fe (por eso San Martín decidió emboscarlos en el Combate de San Lorenzo). Además podían pensar en bloquear el puerto de Buenos Aires (esto preocupaba mucho a los comerciantes de la ciudad).

Todo se complicó porque los criollos uruguayos, que tampoco querían a los españoles, se levantaron en armas dirigidos por José Artigas, al mismo tiempo que desde Buenos Aires se enviaba un ejército a Montevideo. Como si esto no fuera poco, los portugueses también querían entrar en territorio uruguayo (acordate de que Portugal había conquistado Brasil y quería extenderse hacia nuestras tierras) y buscaron que los porteños y los españoles hicieran las paces, dejando de lado a los uruguayos, a lo que Artigas se opuso y el conflicto se agravó: en junio de 1814 Montevideo se rindió ante una flota porteña. Sin embargo, Artigas continuó luchando y logró influenciar a los caudillos de las provincias del Litoral, que siguieron luchando contra Buenos Aires, en una guerra civil que recién concluyó en 1820.

Mientras tanto, los españoles continuaban fuertes en Lima, la capital del Virreinato del Perú y tampoco ahí los americanos querían a Buenos Aires. Era un lugar desde el que los españoles podían bajar hacia el Virreinato del Río de la Plata.

Entonces ¿había que pensar en llevar la guerra hasta allí?

Sí, por supuesto, después de derrotar a los opositores en Córdoba se logró que las demás ciudades del interior aceptaran la autoridad de la Junta de Buenos Aires. Pero en el Alto Perú (lo que ahora conocemos como Bolivia) las cosas eran menos sencillas, fundamentalmente porque estaban cerca de Lima, donde los españoles continuaban gobernando y tenían mucha fuerza.

Entre 1810 y 1814 se realizaron dos campañas al Alto Perú. En 1812, Belgrano se hizo cargo del Ejército del Norte, que no estaba muy bien organizado y por eso había sufrido derrotas y, para que todo fuera más complicado, no había dinero suficiente para rearmarlo y así sostener una campaña (acordate que al mismo tiempo se estaba peleando en otros frentes de batalla), que avanzaba y retrocedía constantemente.

La orden que recibió del gobierno porteño fue la de retroceder hacia Córdoba, entonces junto al pueblo jujeño, realizaron un "éxodo" (toda la población abandonó la ciudad y sus campos para que los enemigos españoles no se apoderaran de sus bienes, dejándolos así sin víveres).

Frente a los inconvenientes, Belgrano desobedeció las órdenes y logró derrotar a los españolas, también llamados "realistas", en las batallas de Tucumán y Salta, llegando a Potosí. Pero el ejército enemigo lo sorprende y logra derrotarlo en Vilcapugio y Ayohúma, obligándolo a volver a Salta donde, como ya te contamos, a principios de 1814 lo reemplaza San Martín en el mando del ejército. Éste se dio cuenta de que era imposible derrotar a los españoles avanzando por el Norte para llegar a Lima y propuso un cambio de plan.

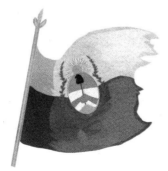

CAPÍTULO 7

PROBLEMAS Y DISPUTAS

¿Sabías que la Cordillera de los Andes es la más alta del mundo después del famoso Himalaya?

Tan alta que San Martín cuando pensó en cruzarla, manifestó su preocupación con esta frase: "Lo que no me deja dormir es no la oposición que puedan hacerme los enemigos sino el atravesar estos inmensos montes".

Para nuestro general era imposible continuar luchando por tierra siguiendo camino al Norte, porque los españoles, estando fuertes en Lima, podían rearmar su ejército, especialmente después de que las cosas cambiaron en Europa.

¿De qué cambio hablamos?

Los revolucionarios de 1810 aprovecharon que Napoleón Bonaparte, al invadir España, encarceló al rey Fernando VII y puso a su hermano José en su lugar. Esto les dio el argumento a los patriotas para cuestionar la autoridad del Virrey, ya que el Rey que lo había nombrado estaba preso. Pero cuando los ingleses expulsaron a Napoleón de España y Fernando volvió al trono, se propuso reforzar el ejército que estaba peleando en nuestras tierras y los revolucionarios americanos eran derrotados unos tras otros: en Chile, en Colombia (se llamaba en esa época Nueva Granada), en Venezuela, donde Francisco de Miranda había caído y solo continuaba la lucha Simón Bolívar con el apoyo de los campesinos y los negros. Santiago, Bogotá y Caracas habían caído en manos de los españoles, solo en el Río de la Plata, en Buenos Aires, se mantenía la revolución y eran muchas las dificultades que se debían afrontar: desde lo militar, los españoles habían sido derrotados en Montevideo, pero José Artigas controlaba el interior de la Banda Oriental, sin obedecer al gobierno porteño mientras que en el Norte, las montoneras de Martín Miguel de Güemes y las guerrillas indígenas del Alto Perú, conducidas por Manuel Padilla y Juana Azurduy (fueron muchas mujeres las que formaron parte de los ejércitos libertadores pero ella es una de las pocas que conocemos por su nombre) no daban abasto para contener el avance de las tropas realistas en la frontera. San Martín apoyaba estas acciones, pero consideraba que la mejor manera de defenderse era atacando de manera inesperada al ejército enemigo.

Así fue que nuestro general, con el apoyo de sus amigos, diseñó un plan continental para liberarnos: se debía organizar un ejército en Mendoza para poder cruzar la cordillera de los Andes y así ayudar a los hermanos chilenos. Luego, desde ese país se embarcaría rumbo a Perú para derrotar definitivamente a los españoles.

Para concretar este proyecto, que podemos definir como una verdadera epopeya, pidió permiso al gobierno central de Buenos Aires para instalarse en Mendoza, lo que logró llegando con el cargo de Gobernador Intendente de Cuyo. Durante tres años, gobernó con habilidad y sabiduría, fue un excelente administrador: modificó el sistema impositivo para que recayera sobre los más ricos, impulsó mejoras en la agricultura, creó escuelas y bibliotecas (pensaba que lo más importante era la educación de los sectores más humildes), construyó nuevas cárceles (creía que era necesario mejorarlas para recuperar a los hombres que habían cometido delitos). Te darás cuenta de que siempre pensó en los que menos tenían. Y al mismo tiempo tenía que ingeniárselas para fortalecer el ejército, por eso fomentó la metalurgia con la ayuda de un cura, fray Luis Beltrán, que se convirtió en el encargado de los talleres donde se fabricaron las armas para la expedición, instalados en el campamento El Plumerillo, que además fue centro de adiestramiento (más adelante te vamos a contar por qué) y hospital para atender a los enfermos y heridos que produjeran los enfrentamientos.

¿Quién era este cura, fray Luis Beltrán? Uno más entre los muchos que se dieron cuenta de la importancia de la lucha por la libertad del continente americano. Un hombre, como tantos de esa época, que a través de la observación pudo aprender un montón de oficios que puso en práctica en el campamento, donde montó un taller en el que trabajaban cientos de personas, fabricando todo lo que fuera necesario, desde herraduras y frenos para los caballos y mulas, hasta las balas de fusiles y cañones, y reparaba también las armas que les enviaba el gobierno porteño, que no siempre estaban en buenas condiciones.

También fue necesario fabricar la pólvora… Necesitaron hacer muchas cosas y todo se logró con un gran esfuerzo y sacrificio de los habitantes de esa zona y también de las mujeres que cosieron los uniformes de los soldados, cocinaron para sus hombres e hicieron miles de tareas más.

Todas estas medidas, al mismo tiempo, fomentaron las industrias de la zona, logrando un importante crecimiento de la economía cuyana.

Pero esto no alcanzaba, se necesitaba dinero para los uniformes de la tropa, para darle de comer a todos los soldados que la formarían, para comprar y alimentar a los caballos y las mulas. Otro tema importante era con quienes se formaría ese ejército.

No era un tema menor quienes serían los hombres que lo integrarían.

No todos eran militares de profesión, se tuvo que recurrir, como en todas las guerras, a *levas obligatorias* (esto quiere decir que se obligó a muchos a integrar el ejército, aunque no quisieran), también se incorporaron hombres negros e indios.

Para San Martín, los negros ahora los llamamos afroamericano, y los mulatos eran los mejores hombres para formar la infantería y propuso que quedaran libres al pasar un año de concluida la guerra. Más de 1500 de los soldados que cruzaron los Andes eran de este origen.

Pero, en realidad, la mayor parte de los hombres se ofreció sin problemas para integrar esta expedición, ya que valoraban muchísimo la idea de la emancipación. Pero, como no eran profesionales fue necesario convertir el campamento de El Plumerillo en un centro de adiestramiento. Es decir, un lugar donde enseñarles todo lo necesario para ser buenos soldados.

San Martín había hablado con caciques pehuenches para pedirles permiso para atravesar los Andes, invitándolos a participar, ya que los consideraba los verdaderos dueños de esas tierras y siempre hablaba de ellos como "nuestros paisanos, los indios".

También los chilenos, que habían tenido que exiliarse en territorio mendocino, obligados por el ejército español, formaron parte e incluso hubo voluntarios europeos (franceses e ingleses mayoritariamente). Así se formó un ejército con distintas etnias y nacionalidades, aunque el peso mayor recayó en el pueblo cuyano.

Y el dinero, bueno... se suponía que el gobierno debía aportarlo, pero desde Buenos Aires solo se mandó una parte, el resto tuvieron que buscarlo de otra manera, se obligó a los españoles que vivían en nuestro territorio a entregar contribuciones, a los americanos se les solicitó que lo hicieran por voluntad propia, pero en realidad no todos tuvieron ganas de hacerlo (eso pasa siempre, aunque los objetivos sean los mejores, no todos contribuyen como corresponde).

Tuvieron que prestar mucha atención en cómo gastarlo, porque se tenían que comprar muchas cosas. Se dice (porque no sabemos si esto es verdad) que las damas mendocinas donaron sus joyas, pero lo que sí sabemos es que fueron las que bordaron la bandera que se usó al cruzar la cordillera, pero el dinero que ellas pudieron recaudar no fue tanto y, en realidad, quien más donó fue, como pasa siempre, el pueblo, los que menos tenían, los habitantes comunes de Cuyo.

Entonces, con este gran sacrificio del pueblo, se formó el ejército: alrededor de 5000 hombres, 18 cañones, 1500 caballos, 9000 mulas (que llevaban las municiones y la comida) y algunas vacas.

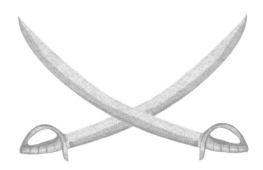

CAPÍTULO 8

San Martín, el político, y el cruce de los Andes

Pero San Martín no solo tuvo que encargarse de lo estrictamente militar, ya viste que el gobierno porteño no estaba de acuerdo con las ideas que él tenía sobre la emancipación y la organización de América.

Es por esto que decidió participar en las decisiones políticas, ya que de ellas dependía la organización de sus expediciones para la emancipación del territorio.

El 8 de octubre de 1812, ante la falta de respuesta del Primer Triunvirato a sus reclamos de dinero, junto con sus tropas apoyó los reclamos de un grupo de civiles liderados por Monteagudo, descontentos con las medidas que el gobierno tomaba, que pedían al Cabildo la destitución del Triunvirato para así poder reemplazarlo. Y lo lograron, así surgió el Segundo Triunvirato que convocó rápidamente a una Asamblea para que redactara una constitución que organizara el territorio.

Así se pudo convocar a la que hoy conocemos como la Asamblea del año XIII.

La idea principal de San Martín era que esta Asamblea debía declarar nuestra independencia y sancionar una constitución, pero a pesar de todos sus esfuerzos, esto no se concretó porque los representantes que la formaban tenían opiniones muy diferentes sobre el destino del país.

Nuestro general estaba enojado, y no era para menos, en el continente se desarrollaban fuertes batallas y los representantes del pueblo no se animaban a declarar la independencia.

Como hombre de coraje que era, reclamó en una carta:

"¿Hasta cuándo esperaremos para declarar nuestra independencia? ¿No le parece a Usted una cosa bien ridícula acuñar moneda, tener el pabellón y cucarda nacional, ¿qué nos hace falta para decidirnos? Por otra parte, nuestros enemigos (y con mucha razón) nos tratan de insurgentes, pues nos declaramos sus vasallos…. ¿Qué nos falta más que decirlo? Ánimo, que para los hombres de coraje se han hecho las empresas…".

Como ya sabés, se tuvo que esperar hasta el 9 de julio de 1816, cuando un Congreso reunido en la provincia de Tucumán, declaró la independencia de las "Provincias Unidas de Sud América" (un concepto bastante cercano al de la "Patria Grande", ¿no te parece?).

Además, tenés que saber que San Martín apoyaba el establecimiento de una monarquía constitucional, por eso coincidió con Manuel Belgrano en promover esta forma de gobierno, pero con un rey que descendiera de los incas. Los dos entendían que los países europeos no aceptarían si se proponía como forma de gobierno una república.

Pero para que se dictara la primera constitución hubo que esperar hasta 1819 y no resultó ser la que el General y sus partidarios pensaban.

Ahora volvamos al famosos cruce de los Andes. ¿Podés imaginarte cómo sería concretar esa proeza en 1817?

Parecía imposible, la ruta a seguir era peligrosísima, las provisiones y pertrechos se calcularon con muchísimo detalle, todo tenía que ser previsto antes de iniciar el camino, no podían llamar por teléfono para pedir comida y bebidas cuando se les acabaran, o pedir prestado un abrigo si sufrían más frío que el que pensaron que harían. Pero, a pesar de estas previsiones no se pudo evitar que faltara comida, que tuvieran frío y que no estuvieran preparados como hubiera sido ideal.

San Martín pensaba que era sumamente importante la disciplina, que todos los soldados debían actuar como si fueran un solo hombre (esto lo había aprendido en todas las batallas de las que participó en Europa), además era un verdadero maestro en tácticas y estrategias militares, eligiendo utilizar lo que se denomina "guerra de zapa".

¿Qué tipo de guerra era esa?

Para poder manejar la situación y que el enemigo no supiera por dónde iba a pasar el ejército libertador, nuestro general hizo un verdadero trabajo de inteligencia que consistió en conseguir información sobre lo que estaban haciendo los españoles, enviando espías, que al mismo tiempo pasaban información falsa al enemigo para despistarlo.

Como el gran estratega que era, logró infiltrar patriotas entre los realistas, que tardaron en darse cuenta de que esos buenos vecinos y vecinas (acá también las mujeres tuvieron un papel importante), les daban datos falsos sobre las actividades del ejército emancipador, y lograron de ellos información crucial para desarrollar las tácticas ideales.

Así se obtuvieron los planos para que las columnas de soldados pudieran cruzar la cordillera.

Hasta usaron tinta invisible para mandar mensajes de un lado a otro, parece ser que era una tinta elaborada con limón y que solo podía leerse al calor de la luz de una vela.

Y San Martín controlaba todo desde su cuartel general en Mendoza, volviendo "loco" a Francisco Marcó del Pont, gobernador español de Chile. ¿Te lo imaginabas como un genio del espionaje?

El cruce se inició en enero de 1817, con dos columnas principales, una fue por el paso de Los Patos y otra por el de Uspallata, mientras el resto del ejército (otras cuatro columnas) tenía la misión de distraer al enemigo, obligándolo a dividir sus tropas. Muchos hombres perdieron su vida en la cordillera, no solo por lo peligroso del camino, sino también por enfermedades, como "el mal de altura" (las personas que vivimos en lugares llanos no estamos acostumbradas a alturas de 3000 metros que provocan dolor de cabeza, vómitos, fatiga, todo causado por la falta de oxigeno), con temperaturas muy diferentes de día con un fuerte calor y de noche con un intenso frío. El mismo San Martín tenía una salud bastante mala, no solo por heridas que había sufrido en España, sino que tenía úlcera de estómago y reuma. Parte del cruce lo hizo en una camilla (estamos casi seguras que esto tampoco lo sabías).

¿Cómo puede ser que los hombres estuvieran dispuestos a concretar esta hazaña, si era tan difícil y peligrosa?

Es muy simple, el deseo de emancipación era compartido por muchos, no solo por los hombres de pensamiento y acción como San Martín, Belgrano, O´Higgins, Bolívar y Sucre, a quienes la historia reconoció como grandes héroes. Fueron miles los hombres y mujeres del pueblo que sabían lo que era el sometimiento y que ansiaban ser libres, aunque no sepamos sus nombres

Por esto hablamos de epopeya... la Epopeya de San Martín y de todos los hombres y mujeres que participaron en estas acciones tan difíciles y tan necesarias para que hoy podamos disfrutar nuestras vidas con dignidad.

Pero volvamos al cruce por la cordillera de los Andes.

De más está decir que el viaje desde Mendoza hasta el territorio chileno fue doloroso y causó la muerte de muchos soldados, no te olvides que cargaban sus pesadas armas, que los animales de carga llevaban gran peso encima, lo que los hacía tropezar y producía accidentes. Además, los caminos no eran amplios, los senderos eran muy angostos y a lo largo de ellos no había poblaciones. Por si todo esto fuera poco, también tuvieron que enfrentar a algunas tropas españolas que les salieron al paso.

¿Cómo no se desfalleció, se perdió la esperanza ante tantas dificultades?

Tal vez una de las respuestas a esta pregunta esté en las arengas.

¿Sabés qué es una arenga? Es la forma que tienen los jefes del ejército para alentar y motivar a sus hombres, y San Martín lo hizo de tal manera que pudo incentivar a su ejército en todas las acciones que se libraron por nuestra emancipación. Hoy diríamos que era un extraordinario líder que sabía cómo llegar a su gente.

Después de veinte días con todas estas dificultades, dos de las seis columnas se encontraron y en la medianoche del 11 de febrero, sin tiempo para recuperarse del esfuerzo del cruce, comenzó el ataque a las fuerzas realistas en la cuesta de Chacabuco (al norte de Santiago de Chile). Se dispuso una serie de acciones conjuntas que buscaban envolver a las tropas enemigas, a las que lograron derrotar en la batalla conocida con ese nombre (¿te estás dando cuenta de que la mayor parte de las batallas llevan el nombre del lugar donde se libraron?).

El resultado de esta acción, según el parte militar fue de 450 realistas muertos, con apenas 12 bajas del ejército libertador, tomándose 600 prisioneros entre los que se encontraban 30 oficiales.

El gobernador español de Chile, Marcó del Pont, intentó huir, pero no lo pudo hacer porque el oficial patriota José Félix Aldao lo capturó antes de que pudiera subirse a un barco y lo llevó frente a nuestro general.

Era él que había dicho que San Martín firmaba con mano negra, ¿te acordás? Se llevó una sorpresa cuando éste lo recibió y le dijo con mucha ironía: "Señor General, venga esa mano blanca", luego lo envió prisionero a Mendoza, de donde se lo trasladó a Luján. Y allí falleció en mayo de 1819.

CAPÍTULO 9

San Martín en Chile

El triunfo de Chacabuco les permitió a las fuerzas patriotas entrar en la ciudad de Santiago de Chile, donde un Cabildo Abierto convocado por San Martín lo designó Director Supremo, pero nuestro general no aceptó el cargo dejándoselo a Bernardo O´Higgins, de acuerdo a lo que ya habían establecido tiempo antes.

¿Y, mientras tanto, qué hacían los españoles? No se quedaron quietos, algunos de ellos lograron reembarcarse hacia Perú, y luego volvieron para auxiliar a los que se habían quedado. Otros fueron hacia el sur para reorganizar su ejército y continuar con la lucha armada, así continuaron resistiendo.

El encargado de esa parte de la campaña fue el general Gregorio de Las Heras, quien logró derrotarlos en Curapaligüe y Gavilán, pero los realistas pudieron fortalecerse en Talcahuano y lograron resistir, a pesar de los esfuerzos de O´Higgins.

Al mismo tiempo que el general chileno concentraba sus esfuerzos militares para derrotar a las fuerzas enemigas, tuvo la pericia política de redactar la declaración de la independencia de Chile y logró que se jurara el 12 de febrero de 1818, un año después del triunfo de Chacabuco.

San Martín y O´Higgins se dieron cuenta de que era necesario unir sus fuerzas al sur de Santiago, cuando se enteraron de que un refuerzo realista, recién desembarcado, estaba avanzando.

Se encontraron las tropas españolas y americanas en Cancha Rayada, donde se produjo un terrible combate, con pérdidas irreparables para los patriotas.

San Martín pudo, con un excelente discurso, levantar el ánimo de sus hombres, sabiendo el temor que tenían a que los invasores volvieran a tomar Santiago y así recuperaran el poder. Sus célebres palabras fueron:

"¡Chilenos! Es natural que este golpe inesperado y la incertidumbre os hicieran vacilar, pero ya es tiempo de volver sobre vosotros mismos y observar que el ejército de la patria se sostiene con gloria frente al enemigo.

"La Patria existe y triunfará, y yo empeño mi palabra de honor de dar en breve un día de gloria a la América del Sur".

Y ese día llegó.

El Libertador (ya lo podemos nombrar así) logró reorganizar el ejército y se dirigió hacia Maipú, dispuesto a atacar al ejército enemigo y derrotarlo. Y así lo hizo. La victoria fue absoluta un 5 de abril de 1818.

Pero los chilenos tuvieron que esperar hasta 1826 para vencer al último grupo español que resistía en Chiloé, al sur de Chile.

San Martín regresa a Buenos Aires.

Mientras el ejército resistía en Chile, San Martín volvió a Buenos Aires para reclamar los recursos necesarios para continuar con su campaña. Lo hizo dos veces: en 1817, después del triunfo de Chacabuco, y en 1818, después del triunfo de Maipú.

El nuevo gobierno central que se había creado en las sesiones del Congreso de Tucumán (trasladado a la ciudad de Buenos Aires), denominado el Directorio, organizó grandes festejos para recibirlo, pero no puso el mismo entusiasmo para apoyar la empresa libertadora ni con recursos económicos, ni con apoyo político, argumentando que debían enfrentar a los federales del Litoral, que rechazarían la Constitución unitaria redactada en 1819.

Primero Juan Martín de Pueyrredón y luego José Rondeau, los Directores Supremos con los que tuvo que hablar San Martín, le negaron el respaldo, distintos hombres con los mismos intereses. Y, en cambio, le pidieron que abandonara su proyecto y volviera a nuestro territorio para enfrentarse a los caudillos federales.

¿Te imaginás cuál fue la respuesta de nuestro general?

¡Fue un no rotundo! No estaba dispuesto a servir a los intereses particulares del gobierno central para abandonar al resto de los pueblos americanos y tirar por la borda todos los esfuerzos realizados por miles, sería fiel a lo que siempre expresó: jamás derramaría sangre de sus hermanos y únicamente desenvainaría la espada contra los enemigos de la independencia de América del Sur.

¡Cuánta razón tenía!. Los enfrentamientos entre hermanos solo podían llevar a un resultado negativo. El gobierno nacional fue derrotado por los caudillos del Litoral, Estanislao López y Francisco Ramírez, y el país entraba en un proceso de anarquía.

Era el año 1820, y a los conflictos políticos y económicos, se sumó la muerte de Manuel Belgrano, amigo y compañero de San Martín.

El Libertador estaba cansado y desilusionado por las acciones del gobierno porteño que, por un lado, no quería interpretar los intereses de los hombres del Interior y el Litoral de las

Provincias Unidas del Río de la Plata, con los que se enfrentaba continuamente y, por el otro, seguían rechazando su pedido de ayuda, como lo demuestran estas palabras dirigidas a sus hombres, que transcribimos:

"Compañeros del Ejército de los Andes: Ya no queda duda de que una fuerte expedición española viene a atacarnos... La guerra se la tenemos que hacer del modo que podamos. Si no tenemos dinero, carne y un pedazo de tabaco no nos pueden faltar: cuando se acaben los vestuarios, nos vestiremos con la bayetilla que nos trabajen nuestras mujeres, y si no, andaremos en pelota como nuestros paisanos los indios.

"¡Seamos libres, y lo demás no importa nada! La muerte es mejor que ser esclavos de estos maturrangos. Compañeros, juremos no dejar las armas de la mano hasta ver el país enteramente libre o morir con ellas como hombres de coraje".

Y dos veces debió volver a cruzar la cordillera hacia Chile, para continuar junto a su ejército la empresa que había emprendido.

CAPÍTULO 10

SAN MARTÍN EN PERÚ

Ahora San Martín debía pensar en concretar su expedición a Perú. Y la pudo planear con mejores perspectivas, ya que en el norte del continente la revolución también estaba afirmándose: Simón Bolívar, junto a José Antonio Páez (otro patriota venezolano) y sus hombres atacaban a los españoles desde 1817, y cruzando la Cordillera de los Andes (como San Martín, pero de norte a sur), entraron en Bogotá, la capital de Nueva Granada, el 12 de agosto de 1819, después de derrotar a los realistas en Boyacá. El paso siguiente fue dedicarse a organizar el territorio llamado la "Gran Colombia", sumando a la actual Venezuela, después de la batalla de Carabobo, en junio de 1821. Mientras, el general Antonio José de Sucre, con refuerzos enviados por San Martín marchaba sobre Guayaquil, en el actual Ecuador.

Y todos estaban dispuestos a seguir la lucha juntos, para echar a los españoles de Perú, pero... siempre hay peros.

Ni en nuestro territorio ni en el chileno, como ya te contamos, los hombres que gobernaban estaban convencidos de ayudar en la liberación del Perú, no lograban comprender la idea de Patria Grande que inspiraba a San Martín y a Bolívar, se estaban conformando con sus logros y, además, estaban discutiendo la forma en que se organizarían sus tierras y esto los tenía muy ocupados... ¡y preocupados! Como siempre, priorizaban sus intereses por sobre los de los demás.

Pero así y todo, otros entendieron y los chilenos aportaron barcos que fueron comandados por lord Cochrane, un irlandés que logró tomar la ciudad de Valdivia, en el sur de Chile, doblegando una fuerte resistencia realista, en febrero de 1820.

Pero, ¿que hacía este marino en tierra americana?

Bueno, ya te contamos que no era extraño que hubiera extranjeros en las fuerzas patriotas. Este hombre participó en la batalla de Trafalgar donde los ingleses derrotaron a Napoleón, fue un gran marino pero tenía un carácter bastante difícil que lo llevó a enfrentarse con sus superiores, parece ser que tenía una gran habilidad para pelearse con todo el mundo, hasta el punto de que lo expulsaron del servicio naval británico y del parlamento del cual era miembro. Fue cuando O´Higgins, conociendo su valor, lo invita a participar en la formación de la marina chilena. Y pasa a ese país donde obtiene triunfos que lo llevaran a participar en la expedición a Perú... Pero allí se encuentra con San Martín, al que no le caían bien algunas de sus costumbres, aunque lo valoraba como marino.

Como ves, sobraran los inconvenientes para continuar la gesta libertadora, San Martín pensó seriamente en renunciar al mando del Ejército de los Andes pero, ¿sabés qué pasó?

Los oficiales se reunieron en Rancagua (una comuna chilena) y, sabiendo que desde Buenos Aires ya no los iban a ayudar por la crisis que había provocado el enfrentamiento entre unitarios y federales, le pidieron que continuara siendo su jefe, y nuestro general dijo que sí.

Así, la gesta continuó sin la ayuda del gobierno del Río de la Plata, donde se desmoronaba todo, con las fuertes divisiones entre los políticos chilenos y con los españoles, que tenían el poder militar y político en el Perú contando, además, con un ejército mucho más poderosos que el de los patriotas. Por eso hablamos de "epopeya", se trató de una increíble hazaña, donde San Martín demostró su coraje y extraordinarias dotes militares para lograr cumplir su objetivo de liberar a los pueblos americanos.

Como había pasado en nuestro territorio, contó con agentes secretos que lo ayudaron a conocer detalles de las fuerzas realistas en tierras peruanas, que continuaba siendo la cabeza del poder español en nuestro continente.

Así, con la ayuda chilena y junto con sus soldados (cerca de 4800), partió hacia Perú en agosto de 1820, desde el puerto chileno de Valparaíso, con 24 barcos, y después de 19 días llegaron a las costas del sur de ese país, donde se incorporaron nuevos hombres y pudieron reabastecerse.

Pero no alcanzaba con estas acciones solas, el general Juan Antonio Álvarez de Arenales avanzaba hacia el interior del territorio peruano para convencer a los habitantes de las sierras andinas de rebelarse contra los europeos y así, en diciembre de 1820, derrotó a las tropas enemigas en Pasco.

Parte del ejército volvió a embarcarse con la orden de bloquear el puerto de El Callao (acción encomendada a Cochrane) y otra parte se instaló a 150 km al norte de la ciudad de Lima.

En esta etapa de la campaña, en la frontera norte de nuestro territorio, muere en un enfrentamiento Güemes, uno de los grandes defensores de la causa americana.

En ese momento sin embargo, tuvieron una pequeña esperanza: resulta que en España se había producido una revolución liberal que obligó al rey Fernando VII a jurar la Constitución de 1812, y que provocó una división dentro del ejército que estaba en América, entre los que seguían fieles al rey y los que apoyaban a los revolucionarios.

El Virrey del Perú, Joaquín de la Pezuela, le sugirió a San Martín un armisticio (un acuerdo para dejar de combatir por un tiempo, con el fin de discutir una posible paz), donde le proponía canjear prisioneros, pero se le pedía a cambio que aceptara restablecer la Constitución española de 1812, cosa que nuestro general no estaba dispuesto a aceptar, ya que eso sería reconocer una relación de dependencia.

Poco después, un nuevo Virrey, José de la Serna (como ves, en España la situación tampoco lograba calmarse) vuelve a entablar negociaciones con el Libertador, pero insiste en no querer reconocer la independencia peruana, al mismo tiempo que ordena la evacuación de la ciudad de Lima para que sus fuerzas pudieran hacerse fuertes fuera de ella.

Después de esta acción, el 12 de julio de 1821, San Martín entró con su ejército a la ciudad de Lima.

¿Y qué encontró en esa ciudad?

Por un lado, el agradecimiento del pueblo, pero la desconfianza de los españoles que vivían allí y de la aristocracia criolla que, como en el resto de las colonias, eran los que tenían el mayor poder económico y la influencia social, y que esperaban que el ejército europeo se volviera se recuperar.

El 28 de julio se proclamó la independencia, se formó un gobierno independiente que le dio a San Martín el título de Protector de la Libertad del Perú y, si bien él no estaba muy a gusto con esta decisión, terminó aceptando el cargo, ante la posibilidad del regreso de los españoles.

Como lo hizo en Chile y en Cuyo, las medidas que tomó fueron realmente revolucionarias: decretó la libertad de los hijos de esclavos nacidos a partir de la independencia, buscó promover leyes que garantizaran los derechos de los ciudadanos, estableció impuestos para los más ricos, creó escuelas y bibliotecas, y se ocupó de defender los derechos y la cultura del pueblo inca y de establecer su igualdad con el resto de los pobladores. Tanto le interesaba esta cultura que se preocupó por la preservación de los monumentos arqueológicos y ordenó sacar de los edificios públicos los símbolos que le habían rendido homenaje a los conquistadores españoles (y eso se nota aún hoy, porque en las paredes de muchos edificios históricos se ve las marcas que dejaron las placas y los escudos que se quitaron).

Para todo esto contó con la ayuda de su secretario, Bernardo de Monteagudo, quien además redactó un decreto que ordenaba la expulsión de los españoles solteros, a los que se les confiscaba la mitad de sus bienes.

Obviamente la clase alta peruana no vio con buenos ojos todas las medidas que se estaban tomando y, al mismo tiempo, continuaban los problemas financieros. En el Río de la Plata, había vuelto a manejar la política Rivadavia declarando que Buenos Aires ya había dado todo lo que podía, y nuevamente le negaba a San Martín la ayuda que éste le pedía, y no se le ocurrió mejor idea que proponerse como mediador entre las fuerzas americanas y las realistas, para ver si lograba acabar con el conflicto.

Una verdadera locura, como si los porteños no fueran parte del territorio americano. Definitivamente, en el Río de la Plata no tenían interés de continuar con la emancipación de la Patria Grande.

Pero, además de esto se encargaron de contar mentiras sobre el Libertador que, como estaba lejos, no podía defenderse y no había forma de desmentir las cosas que se decían de él.

Lo mismo sucedía en Lima, donde la aristocracia peruana se encargaba de decir que nuestro general tenía ambiciones de coronarse como rey (solo porque creía que la mejor forma de gobierno para el territorio americano era la monarquía parlamentaria).

Por otra parte y agravando la situación, Cochrane (San Martín lo llamaba el Lord Filibustero) decidió, sin preguntar, retirar la escuadra que comandaba con una buena parte de dinero de los fondos públicos (decía que esto se debía al retraso del pago a sus hombres), sin dudas, complicando la situación de los patriotas. Pensá que los realistas se estaban reorganizando para recuperar lo que habían perdido.

El panorama no podría haber sido peor. Entonces San Martín consideró que el mejor camino a seguir era el de unir sus fuerzas con las de Simón Bolívar, para asegurar la independencia de Perú.

Estos dos hombres habían estado en contacto desde hacía mucho tiempo para lograr el mismo objetivo. Sabían que se necesitaban mutuamente para que todo el continente lograra la independencia definitiva y este era el momento para reunirse.

CAPÍTULO 11

LA ENTREVISTA DE GUAYAQUIL

Mucho se ha dicho sobre la relación entre estos dos hombres y sobre la reunión que tuvieron en la ciudad de Guayaquil, en el actual Ecuador. El histórico encuentro se rodeó de mucho misterio, como si Bolívar y San Martín no hubieran tenido en claro la necesidad de tener una estrategia en común para la liberación del resto de Perú, a pesar de las diferencias que tenían en otros temas.

El problema radicaba, principalmente, en la situación desventajosa en que se encontraba San Martín: las autoridades de Buenos Aires lo habían dejado solo, desde Chile O´Higgins no podía ayudarlo y debía enfrentar a sus opositores políticos; además, no tenía dinero para continuar con la campaña por sí solo, por eso era tan importante que Bolívar le aportara parte de sus fuerzas militares.

Se concretaron dos reuniones, el 26 y el 27 de julio de 1822, entre los dos grandes libertadores.

El conflicto que pudieron solucionar rápidamente fue sobre la disputa que existía entre Perú y la Gran Colombia, ya que ambos consideraban que la ciudad de Guayaquil les pertenecía. Se acordó que quedara bajo el gobierno de la segunda nación.

Pero, nada de lo demás fue fácil, las diferencias se vieron enseguida de iniciada la primera reunión.

Sobre la organización política que deberían tener los pueblos independizados, San Martín creía que cada país debía decidir libremente sobre su futuro, por ejemplo dictando sus propias constituciones, y Bolívar consideraba necesario controlar personalmente, a través de un sistema centralizado (un Presidente Vitalicio) el desarrollo de las nuevas repúblicas, porque pensaba que podían desintegrarse debido a los conflictos internos que había entre sus habitantes.

También debían decidir cuál de los dos sería el encargado de dirigir el ejército libertador a partir de ese momento, o sea quién sería el jefe de todo.

San Martín no tuvo ningún inconveniente en proponer que Bolívar fuera el comandante en jefe del ejército unido, aunque éste consideró que no era lógico que un soldado del prestigio de nuestro general quedara bajo su mando. Parece ser que ninguno tenía problemas en este tema pero, ante el pedido de ayuda militar, Bolívar no respondió como San Martín pensaba que lo haría, las fuerzas que le ofreció fueron menores a las que éste necesitaba. Entonces, ante esta realidad no pudo hacer mucho y, de acuerdo con sus convicciones, tomó la decisión de dejar todos sus cargos, aconsejó a los peruanos que le pidieran ayuda al general venezolano para continuar con su lucha y regresó a Mendoza. Diría las siguientes palabras, en una carta dirigida a O´Higgins:

"...ya estoy cansado de que me llamen tirano, que en todas partes quiero ser rey, emperador y hasta demonio... mi salud está deteriorada... mi juventud fue sacrificada al servicio de los

españoles, mi edad mediana al de mi patria, creo que tengo derecho a disponer de mi vejez".

¿Y dónde está el misterio sobre la famosa entrevista del que hablaron los primeros historiadores?

Bueno, lo que pasó es que ellos intentaron ocultar la realidad de que los porteños no le brindaron el apoyo económico que San Martín necesitaba para terminar con la campaña libertadora del Perú (y tampoco querían a Bolívar), por lo que afirmaron que era una reunión misteriosa, en la que no quedaba en claro qué había pasado, dejando entrever celos entre los dos jefes militares, haciendo una interpretación simple de un hecho que no lo fue.

CAPÍTULO 12

EL RETIRO DE SAN MARTÍN

Con las cosas así de complicadas, nuestro general decide abandonar la campaña libertadora y regresar a Buenos Aires para encontrarse con su esposa, que estaba gravemente enferma, y su pequeña hija, Mercedes.

Primero debió ir a Chile, donde se quedó hasta enero de 1823, quería dejar las cosas más o menos claras, y de allí viajó a Mendoza.

Pero, nuevamente, el rencor de Rivadavia lo obligó a retrasar el encuentro con su familia, argumentando que no estaban dadas las condiciones de seguridad para su regreso. La verdad era que pensaba que el general podía entrar en contacto con los caudillos federales que estaban en lucha contra Buenos Aires, olvidándose de que San Martín había dicho muchísimas veces que jamás participaría en una lucha entre hermanos (en realidad no fue un olvido, sino una venganza casi personal, ¿no te parece?).

Cansado de esperar, decidió viajar a Buenos Aires sin la autorización del gobierno, y cuando llegó, en diciembre, Remedios ya había muerto el 3 de agosto de 1823, por lo que no pudo despedirse de ella.

Lo más rápido que pudo recuperó a su hija, a la que había visto muy pocas veces y ya tenía ocho años, y partió con ella rumbo a Europa, en febrero de 1824.

Mientras San Martín trataba de organizar su vida privada, la campaña emancipadora seguía su camino.

Después del triunfo de Bolívar en Carabobo, se proclamó una Constitución Republicana centralista y fue elegido primer presidente de la Gran Colombia. En el año 1822, logró otro gran triunfo en Pichincha, asegurando de esa manera el norte de Perú.

Luego del alejamiento de San Martín, el Primer Congreso de ese país dictó una constitución republicana, representativa y centralista en 1823, que le otorgó a Bolívar amplios poderes.

Los españoles habían recuperado el puerto de El Callao y la ciudad de Lima, en 1824. Nuevos enfrentamientos se desarrollaron y, finalmente, la victoria de Junín, el 6 de agosto y la de Sucre en Ayacucho el 9 de diciembre, consolidaron la independencia de Perú.

En cuanto al Alto Perú, la actual Bolivia, el territorio fue liberado por una invasión liderada también por Sucre. En una asamblea se decidió que este territorio se declaraba independiente, tanto del Río de la Plata como del Perú, en 1825. La nueva república eligió su nombre para homenajear a Simón Bolívar.

Quedaba definitivamente consolidada la independencia de nuestro continente.

Pero volviendo a San Martín, una vez decidido su retiro de nuestro país, no le fue fácil encontrar un lugar donde instalarse.

Era un hombre conocido y los gobiernos europeos no aceptaban de buen grado a quien era el emancipador de tierras que habían sido sus colonias.

Como le preocupaba la educación de su pequeña hija, Merceditas, encontró primero un colegio en Londres y luego otro en Bruselas, por lo que ella pudo estudiar en excelentes instituciones.

Nuestro general viajó a Francia, Inglaterra, Escocia, Bélgica sin poder establecerse, ya que tenía muchos problemas económicos: el gobierno de Buenos Aires no le pagaba los sueldos atrasados. ¡Después de todo lo que había hecho por nuestro país y América!

Pero no creas que se olvidó de nosotros, todo lo contrario, seguía los acontecimientos de la patria todo el tiempo, ya que mantenía correspondencia con sus amigos americanos y leía los periódicos que le llegaban, además de recibir a los compatriotas que lo visitaban.

Cuando, en 1828 , las Provincias Unidas del Río de la Plata estaban en guerra con Brasil, decidió volver. Todo hace suponer que quería establecerse definitivamente, pero cuando el barco que lo traía hizo escala en Río de Janeiro cambió de idea al enterarse de que, tras el fusilamiento del gobernador de Buenos Aires, Manuel Dorrego, por órdenes de Juan Lavalle, la guerra civil recomenzaba.

Así fue que no desembarcó en la patria y regresó a Europa fiel a su promesa de no desenvainar su sable en guerras civiles.

Años después, cuando se enteró de que los franceses habían bloqueado el puerto de Buenos Aires, en 1838, para presionar al gobernador de la provincia de Buenos Aires, don Juan Manuel de Rosas para que le otorgara los mismos privilegios que tenían los ingleses, le escribió a éste una carta ofreciéndole sus servicios militares.

Rosas le agradeció pero consideró que serían más útiles sus gestiones diplomáticas ante el gobierno francés.

¿Y sabés qué hizo nuestro general?

En su testamento, dispuso que el sable con el que había realizado la campaña libertadora fuera entregado a Juan Manuel de Rosas, por su firmeza al haber "sostenido el honor de la República frente a las injustas pretensiones de los extranjeros que tratan de humillarla". En esa época estaba viviendo en Francia y sus declaraciones no pasaban desapercibidas a los gobiernos europeos.

Y esto no les gusto para nada a los unitarios, y mucho menos cuando volvió a elogiar a Rosas después de que se produjo el combate de Vuelta de Obligado, el 20 de noviembre de 1845, cuando la Confederación Argentina se tuvo que enfrentar a las flotas inglesa y francesa que habían bloqueado el puerto de Buenos Aires, en un nuevo intento de sometimiento económico y político de nuestro territorio.

Porque, a pesar de no haber adherido nunca al bando federal, apoyó la política exterior de Rosas, que defendía la soberanía nacional frente a las intervenciones de las que eran las principales potencias mundiales en ese momento.

Sus últimos años

Su hija Mercedes se casó con el médico Mariano Balcarce y sus hijas vivieron con su abuelo, primero en París y luego en otra ciudad francesa, Boulogne Sur Mer.

Como gran lector que era, la vejez no le impidió seguir conociendo nuevos libros. "Cuando se enfermó de cataratas, lo que hizo que su vista disminuyera, fue su hija la que le leía, hasta que el 17 de agosto de 1850 falleció, a los 72 años.

Y aunque no lo puedas creer, tampoco se respetaron sus últimos deseos: en su testamento pidió que no le hicieran un funeral ni homenajes, solo quiso que su corazón descansara en Buenos Aires.

¿Vos sabés qué es la burocracia? Le decimos burocracia a una interminable cantidad de trámites que hay que realizar ante las autoridades para poder hacer algo: en este caso, traer a nuestro país los restos de nuestro general llevó treinta años hasta que arribaron a Buenos Aires el 28 de mayo de 1880, y fueron depositados en el mausoleo de entrada de la Catedral de Buenos

Aires, en las cercanías de la famosa Plaza de Mayo. Eran tiempos de la presidencia de Nicolás Avellaneda, que decretó feriado nacional y organizó una ceremonia imponente, ¡otra vez no se respetaron sus deseos!

El General José de San Martín, es el gran héroe argentino, sin él es imposible que nuestro país existiera como tal. Pero, también, fue un hombre de carne y hueso, con virtudes y defectos, y su vida fue una gran epopeya que no debemos olvidar.

Índice

OTROS TÍTULOS DE ESTA COLECCIÓN

www.edicioneslea.com